Weimar, historische Stadt im Grünen, inmitten von Parks und reizvoller Landschaft, ist als „Stadt der deutschen Klassik" beliebtes Reiseziel und Ort der Begegnung. „Weimar hat den Ruhm einer wissenschaftlichen und kunstreichen Bildung über Deutschland, ja über Europa verbreitet…", pries Goethe schon 1815 seine Wahlheimat. Mit Goethe und Schiller, Herder und Wieland erreichte die deutsche Nationalliteratur einen Höhepunkt, eine Vision völkerverbindender Humanität entstand. Weimar hatte sich in zwei „vorklassischen" Zeiträumen bereits mit den Namen Cranach und Bach verbunden und gab später auch Liszt, den Weimarer Malern, dem Jugendstilkünstler van de Velde und den Bauhausmeistern Anregungen. Alle wechselnden Zeiten bewahrten Altes und ließen Neues entstehen. Erhalten blieb mehr als die gepflegten Häuser der Dichter, die Schätze in zahlreichen Museen und die Denkmäler. Auch die liebenswerte verwin-

Stadtschloss mit Reiterdenkmal Carl August ▽

899 n. Chr.
Eine neuerdings auf Weimar gedeutete Urkunde erwähnt erstmals „Viugmara".

1254
Weimar wird urkundlich als Stadt bezeichnet.

1410
Stadtrechtsverleihung; bis 1540 Stadtmauer mit vier Toren.

1518
Martin Luther ist erstmals in Weimar; 1524 wird Weimar evangelisch.

1547
Die Stadt mit 2500 Einwohnern wird Residenz des Herzogtums Sachsen.

1552
Mit der Rückkehr des Herzogs Johann Friedrich aus kaiserlicher Gefangenschaft kommt im Alter von 80 Jahren der Maler Lucas Cranach d. Ä. nach Weimar. Erste Kunstblüte der Stadt.

1617
Die „Fruchtbringende Gesellschaft" zur Pflege der deutschen Sprache wird im Weimarer Schloss gegründet.

1653
Der Weimarer Zwiebelmarkt wird erstmals erwähnt.

1708–17
Johann Sebastian Bach ist Hoforganist und seit 1714 Konzertmeister der Hofkapelle.

1741
Weimar wird Residenz des Herzogtums Sachsen-Weimar-Eisenach.

1756
Anna Amalia, Prinzessin von Braunschweig-Wolfenbüttel, kommt nach Weimar. Ihre Regierung ab 1759 begründet die klassische Zeit. 1772 holt sie Christoph Martin Wieland als Prinzenerzieher nach Weimar.

1775
Carl August, der Sohn Anna Amalias, wird Herzog und Goethe kommt auf seine Einladung an den Weimarer Hof.

1776
Johann Gottfried Herder wird als Generalsuperintendent nach Weimar berufen.

1791
Das Hoftheater, welches Goethe bis 1817 leitet, wird gegründet.

1799
Schiller, der nach einem ersten Aufenthalt (1787–89) in der Stadt eine Professur in Jena angetreten hat, übersiedelt endgültig nach Weimar.

1815
Als Folge des Wiener Kongresses wird Sachsen-Weimar-Eisenach Großherzogtum. Carl August erlässt 1816 als erster deutscher Fürst eine landständische Verfassung.

1848–61
Franz Liszt ist in Weimar. „Silbernes Zeitalter".

1857
Enthüllung des Goethe- und Schiller-Denkmals von Ernst Rietschel.

1860
Die Kunstschule wird gegründet („Weimarer Malerschule").

1872
Gründung der Weimarer Orchesterschule; seit 1930 Hochschule für Musik.

1885
Nach dem Tod des letzten Goethe-Enkels entstehen das Goethe-National-Museum, das Goethe-Archiv (seit 1889 Goethe- und Schiller-Archiv) und die Goethe-Gesellschaft.

1897–1900
Friedrich Nietzsche ist in Weimar.

1902
Henry van de Velde und Harry Graf Kessler erstreben das „neue Weimar".

1918
Mit der Novemberrevolution endet die 600-jährige Herrschaft der Wettiner; der letzte Großherzog dankt ab.

1919
Die verfassungsgebende Nationalversammlung tagt im Deutschen Nationaltheater und nimmt die Weimarer Verfassung an. Beginn der ersten deutschen Demokratie: „Weimarer Republik".

1919
Gründung des Staatlichen Bauhauses von Walter Gropius; wird 1925 nach Dessau verlegt.

1920
Weimar wird Hauptstadt des Landes Thüringen.

1937
Das nationalsozialistische Konzentrationslager Buchenwald wird von der SS auf dem Ettersberg bei Weimar eingerichtet.

1945
Die bombengeschädigte Stadt wird zunächst amerikanisch, danach sowjetisch besetzt.

1948
Das durch Bomben schwer beschädigte Deutsche Nationaltheater wird mit Goethes „Faust" wiedereröffnet.

1958
Einweihung der Mahn- und Gedenkstätte Buchenwald.

1975
Jubiläumsfeiern „1000 Jahre Weimar". Die Stadt hat jetzt 63 000 Einwohner.

1989
Bei Herbstdemonstrationen protestieren Tausende auf dem Platz der Demokratie.

1993
Weimar wird als Kulturstadt Europas 1999 benannt.

kelte Altstadt mit Bauten meist des 18. und 19. Jh.s lässt Geschichte ahnen. Erhalten sind auch die Sommersitze Tiefurt, Belvedere und Ettersburg sowie die beliebten Ausflugsziele Wielands Oßmannstedt und Charlotte von Steins Kochberg ... „Durch Weimar geht man mit anderen Augen, mit anderen Sinnen und Vorstellungen als durch jede andere Stadt"– eine besondere Stadt natürlich ihrer großen Geistesgeschichte wegen; nicht nur der Literatur und des Theaters, auch der Musik, der bildenden Kunst, der Baukunst und der Philosophie. Die heutige „europäische Provinzstadt" ist voll lebendiger Kultur. Studenten prägen die Stadt ebenso wie Besucher aus aller Welt. All dies wie ehedem auf engem Raum, mit Goethes Worten: „wie Bethlehem in Juda klein und groß". In Weimar aber stehen auch die Extreme deutscher Geschichte einander gegenüber – das Konzentrationslager Buchenwald bleibt immer schmerzende Wunde und Mahnung.

Rathaus ▽

△ *Rotes Schloss, Portal mit Wappentafel*

4 Rund um den Marktplatz

Die Nordseite des Marktes prägen, nach Kriegszerstörungen fast originalgetreu wiederaufgebaut, die alten Bürgerhausfassaden mit dem Erker der Hofapotheke. Gastlich ist die Südseite des Platzes mit dem „Schwarzen Bären", dem „Elephanten" und dem wiederaufzubauenden „Erbprinz". Hier stand früher Bachs Wohnhaus. Renaissancehäuser auch an der Ostseite: das Stadthaus von 1547, bei einem Bombenangriff 1945 schwer zerstört und 1968–71 mit seiner historischen Fassade

Marktplatz, Neptunbrunnen vor der Hofapotheke ▽

△ *Rotes Schloss*   *Zwiebelmarkt* ▽

Zwiebelmarkt ▽

wiederhergestellt, in dem sich heute das Informationsbüro des Amtes für Tourismus befindet, und daneben das Cranach-Haus. Neptun, dessen Figur seit 1774 den Marktbrunnen (Weimars ältester Brunnen) krönt, wacht über das tägliche Markttreiben. Jährlich im Oktober lockt der traditionelle Zwiebelmarkt. Vom Roten Schloss, einem herzoglichen Witwensitz, sind es nur wenige Schritte bis zum „Fürstenhaus", dem heutigen Sitz der Hochschule für Musik „Franz Liszt".

Der linke Teil des schönen Renaissancehauses wurde 1547–49 für Kanzler Chr. Brück, den Schwiegersohn von Lucas Cranach d. Ä., gebaut. Während seines letzten Lebensjahres bewohnte der Maler eine Wohnung in diesem Haus; im dritten Stock war die „Malerstube". Das Cranach-Haus wurde 1972 anlässlich des 500. Geburtstages Cranachs restauriert und erhielt dabei seine frühere Farbigkeit zurück. Seit 2002 befindet sich im Erdgeschoss das „Theater im Gewölbe".

▽ Marktplatz, Stadthaus

Cranach-Haus ▽

Marktplatz, Hotel „Elephant", Gaststätte „Schwarzer Bär" und Neptunbrunnen ▽

6 Herzogin Anna Amalia Bibliothek

Ältester Bau am schlösserumrahmten Platz der Demokratie ist die Bibliothek, die Herzogin Anna Amalia 1761–66 im Grünen Schloss einrichten ließ. Bei den Umbauten entstand der dreigeschossige Rokoko-Bibliothekssaal. Hier – inmitten der Kunstschätze – fühlt man sich in die Zeit des klassischen Weimar versetzt. 1797 übernahm Goethe die Oberaufsicht über die Bibliothek. Unterstützt wurde er dabei von seinem Schwager Christian August Vulpius. Die Bücherbestände wuchsen schnell an, so dass 1803–05 ein Erweiterungsbau erforderlich wurde. 1821 wurde der Turm der ehemaligen Stadtbefestigung in die Bibliothek einbezogen und mit einer sagenumwobenen Wendeltreppe aus der Osterburg zu Weida versehen. Nochmals erweitert wurde die Bibliothek 1844–49; sie umfasst heute etwa 900 000 Bände. Schwerpunkt der Sammlungen ist die Primär- und Sekundärliteratur der deutschen Aufklärung, Klassik und Romantik. Das platzbeherrschende Reiterdenkmal von 1875 für Großherzog Carl August zeigt diesen in der Haltung eines römischen Imperators.

△ Bibliotheksturm „Herzogin Anna Amalia"
  mit Denkmal Alexander Puschkin
▽ Reiterdenkmal Carl August vor der Herzogin Anna Amalia Bibliothek, rechts Hochschule für Musik „Franz Liszt"   Rokoko-Bibliothekssaal ▷

8 Neues Museum Weimar

Das Museum für zeitgenössische Kunst befindet sich im restaurierten Gebäude des ehemaligen Großherzoglichen Museums. Namhafte Künstler wie Daniel Buren und Sol LeWitt waren an der Innengestaltung des repräsentativen Baus aus dem Jahr 1869 beteiligt. Neben der amerikanischen Minimal und Conceptual Art sind deutsche und italienische Bewegungen ein Schwerpunkt der Ausstellung. Zusätzlich finden Wechselausstellungen zur Kunst des 20. Jh.s statt.

Ginkgobaum vor Herzogin Anna Amalia Bibliothek △

▽ Neues Museum Weimar mit goldener Figur „Großer Geist"

▽ Blick auf die Stadt mit Stadtschloss und Kirche St. Peter und Paul

Der Schlossturm als Weimars ältestes Bauwerk und Wahrzeichen überstand wie der Torbau die mehrfachen Schlossbrände. Von der alten Wasserburg „Hornstein" blieb sonst nichts, vom barocken Dreiflügelbau der Wilhelmsburg stehen noch die mächtigen Mauern. Barock ist auch die Turmhaube mit ihrem herrlichen Geläut. Der Brand von 1774 zerstörte auch die Schlosskapelle, die Stätte von Bachs Orgel- und Kantatenaufführungen. 1789 schritt man unter Goethe zum Wieder-

aufbau des Residenzschlosses. Schönste frühklassizistische FeSträume schuf bis 1803 der Berliner Architekt Heinrich Gentz; Glanzstück ist der Festsaal. Der Geist der Goethe-Zeit herrscht auch im Treppenhaus und der Falkengalerie. Jünger ist Coudrays Westflügel. Die Cranach-Galerie, Kunst der Goethe-Zeit und der Romantik sowie die Weimarer Malerschule sind besondere Anziehungspunkte des Schlossmuseums. Im Südflügel hat die Klassik Stiftung Weimar ihren Sitz.

Stadtschloss, Festsaal ▽

Zum Goethe-Nationalmuseum, welches von der Klassik Stiftung Weimar betreut wird, gehören in und um Weimar 20 museale Stätten. Kernpunkt und das Hauptziel der Weimarpilger ist Goethes Haus am Frauenplan; nach Goethes Wort: „Die Stätte, die ein edler Mensch betrat, ist eingeweiht." Museum wurde es nach dem Tod des letzten Goethe-Enkels 1885. 1913 und 1935 kamen Museumsanbauten hinzu, während für das Haus ein Zustand von 1832 angestrebt wurde.

Glücklich in hoher Originalität erhalten, zeugt es von Goethes universaler Persönlichkeit. Das breitgelagerte barocke Haus an dem vorstädtischen Platz wurde 1709 erbaut. Johann Wolfgang von Goethe zog 1782 ein – davor bewohnte er das Gartenhaus, im Winter auch andere Quartiere. Zu diesem Zeitpunkt war er Geheimer Legationsrat, Geheimer Rat, Bergbau-, Kriegs- und Wegebaukommissar, Forscher und … Dichter. Er wurde Kammerpräsident und erhielt das Adelsdiplom. Ab

▽ *Goethe und Schreiber John (J. J. Schmeller, 1831)*

1789 hatte Goethe für wenige Jahre eine Wohnung vor dem Frauentor. Vom Jahre 1792 an besaß er das ganze von Herzog Carl August für ihn erworbene Haus am Frauenplan, seit 1794 „erb- und eigentümlich", was seine Bindung an Weimar besiegelte. Das Haus wurde zu einem geistigen Mittelpunkt Europas. Goethe war vor allem auch Sammler, „nicht nach Laune oder Willkür, sondern jedes Mal mit Plan und Absicht zu meiner folgerechten Bildung". Groß ist die Zahl der Kunstgegenstände, der Bücher und der naturwissenschaftlichen Stücke. Der Besucher kann dies ebenso nachvollziehen, wie des Dichters Gestaltung seiner eigenen Wohnumwelt. Den repräsentativen Räumen des Vorderhauses stehen die zum Garten gelegenen persönlichen Räume gegenüber, zu denen zu Goethes Lebzeiten nur ein enger Kreis Zutritt hatte. Hier im Arbeitszimmer diktierte der Meister, hier vollendete er sein „Hauptgeschäft" – wie er es nannte –, den

Christiane Vulpius (1765–1816) ▽   *Johann Wolfgang von Goethe (1749–1832)* ▽   *Charlotte von Stein (1742–1827)* ▽

Goethe-Haus bei Nacht ▽

△ Goethe in der Campagna (Gemälde von J. H. W. Tischbein, 1786–1788)

Goethe-Haus, Arbeitszimmer ▽

„Faust", hier im Schlafzimmer starb er am 22. März 1832 im 83. Lebensjahr. Goethes Haus erlitt starke Kriegsschäden. Beim Arbeitszimmer blieben sie zum Glück geringer, so dass sein Zustand sehr authentisch ist. Die Fenster gehen nach Süden zum Garten. An der Westwand steht der große Schreibtisch; im Schrank rechts verschloss Goethe 1831 das Manuskript des „Faust II". Durch die schmale Seifengasse ist es nicht weit zum Haus der Frau von Stein. Mit der in glückloser Ehe lebenden Hofdame verband ihn eine einzigartige geistgeprägte Liebe; davon zeugen 1700 Briefe, die Charlotte in einem Zeitraum von zehn Jahren erhalten hat. In dem Haus an der Ackerwand erlebte sie die Trennung nach der Italienreise und ein einsames Alter. 1806 ehelichte Goethe Christiane Vulpius, mit der er nach seiner Italienreise zunächst eine freie Verbindung eingegangen war. Um die Jahrhundertwende entstand der schöpferische Dichterbund mit Schiller. Unmittelbar in Goethes Nachbarschaft steht das Gasthaus „Zum weißen Schwan", in dem er gerne Gäste bewirtete und unterbrachte.

▽ *Haus der Frau von Stein*

Gasthaus „Zum weißen Schwan" △

Friedrich Schiller kam 27-jährig erstmals nach Weimar. Später bezeichnete er den 21. Juli 1787 als „Beginn einer Epoche". Er wohnte zunächst im „Erbprinz", dann an der Esplanade, schließlich an der Frauentorstraße, in Goethes Nähe. Doch Goethe blieb dem Jüngeren auch nach seiner Rückkehr aus Italien fern. Schiller ging 1789 nach Jena, wo erst 1794 der Freundschaftsbund zwischen Goethe und Schiller geschlossen wurde, der zu gemeinsamer literarischer Tätigkeit und Theaterarbeit sowie 1799 zu Schillers Umzug nach Weimar führte, in der Hoffnung, „ein neues, heiteres Leben anfangen zu können". Mit Frau und Kindern bezog er eine Wohnung in der Windischengasse. Das Schiller-Haus der Stadt aber ist das Haus an der Esplanade, das der Dichter 1802 erwarb, „alles, was er hatte und zusammenkratzen konnte", dabei einsetzend. Nur drei Jahre war ihm die Freude an einem der schönstgelegenen Häuser Weimars vergönnt; am 9. Mai 1805 starb der Dichter. Der spätbarocke Bau stammt von 1777. Schillers Gestaltung seiner Räume ist durchaus, wenn auch bescheidener, dem Anliegen Goethes vergleichbar. Die Familie nutzte das Obergeschoss. Rechts im Mansardengeschoss ist das Arbeitszimmer, in dem die „Braut von Messina" und „Wilhelm Tell" entstanden und das Bett des Kranken zuletzt aufgestellt war. Seit 1847 ist das Haus Museum. Es wurde 1988 liebevoll restauriert (Schillers Tapeten wurden nachgedruckt) und dazu ein eigener Museumsbau errichtet.

▽ *Friedrich Schiller (Kopie von Christian Keller nach Anton Graff)*

△ Schiller-Haus

Schiller-Haus, Arbeitszimmer ▽

△ *Ginkgo-Museum*

16 Ginkgo-Museum (am Marktplatz)

„Ist es ein lebendig Wesen, das sich in sich selbst getrennt? Sind es zwey, die sich erlesen, dass man sie als eines kennt?" – Diesen Auszug aus einem Gedicht schrieb Goethe 1815 in Weimar über die Liebe und den Ginkgo. Heute kann im Ginkgo-Museum eine Vielzahl von kostbaren Kunstobjekten und wissenschaftlichen Ausstellungsstücken zum Thema Ginkgo bewundert werden. Neben einem geschichtlichen Auszug werden auch die mythischen Aspekte ästhetisch und informativ dargestellt.

Weimar Haus – das Geschichtserlebnis

Im Sommer 1999 wurde das erste Erlebnismuseum Deutschlands eröffnet. Das Weimar Haus ist ein multimediales Geschichtserlebnis nach englischen Vorbildern. Traditionelle Theatertechniken, moderne Unterhaltungstechniken, Wachsfiguren und eine audiovisuelle Führung ermöglichen dem Besucher, die Geschichte Thüringens und Weimars mitzuerleben. Ein familienfreundliches Museum – für jede Altersklasse in vier Sprachen erlebbar.

Schillerstraße

Die Schillerstraße, Weimars „gute Stube", Fußgängerzone schon seit 1968, lädt zum Flanieren ein. Sie liegt im ehemaligen Zwinger zwischen den Stadtmauern – eine Tatsache, der sie ihre Breite zu verdanken hat. Anna Amalia ließ nach dem Abriss der Stadtbefestigung eine Esplanade einrichten. Sie wurde mit Bäumen bepflanzt. Seit 1863 steht hier der Brunnen mit dem „Gänsemännchen" nach Nürnberger Vorbild.

△ *Weimar Haus*   *Schillerstraße* ▽

Im bescheidenen Komödienhaus von 1779 leitete Goethe das Hoftheater von 1791 bis 1817. Das 1798 umgebaute Haus sah im Zusammenwirken mit Schiller klassischen Theaterglanz.: „Egmont", „Torquato Tasso", die Wallensteintrilogie, „Maria Stuart", „Die Braut von Messina" und „Wilhelm Tell" wurden hier uraufgeführt. Nach einem Brand wurde 1825 das zweite Haus erbaut. Hummel war hier Kapellmeister, doch die Blütezeit für Hofkapelle und Oper bewirkte Franz Liszt.

Unter Dingelstedt hatte das Schauspiel seine große Zeit. Später wirkte hier auch Richard Strauss. Uraufführungen bezeichnen die Stationen: „Lohengrin" 1850, Hebbels „Nibelungen" 1861 und Humperdincks „Hänsel und Gretel" 1893. Das dritte Haus steht seit 1907. Im Deutschen Nationaltheater tagte 1919 die verfassungsgebende Nationalversammlung. Nach dem Krieg bis 1948 wiederaufgebaut, ist das Theater auch heute Kulturmittelpunkt der Stadt.

Deutsches Nationaltheater ▽

18 Wittumspalais

Man muss Tiefurt sehen und das Wittumspalais, wenn man diese zierlich-kunstfreundliche Zeit verstehen will, die Weimar zur „schöngeistigen Hauptstadt Deutschlands" machte. 16-jährig kam Anna Amalia nach Weimar, wurde 18-jährig Witwe, war Regentin bis 1775. Nach dem Brand des Schlosses hatte sie von ihrem Minister das 1767 erbaute Haus mit Garten am früheren Franziskanerkloster erworben. Nun regierte ihr Sohn Carl August und die Herzoginmutter konnte

ihren Neigungen leben, „von Wissenschaft und Kunst umgeben glücklich". Ihr Palais wurde „Bilderbuch des guten Geschmacks". Vor allem aber: Hierher kamen Adelige und Bürgerliche zur geselligen Tafelrunde, Dichter, Künstler, Gelehrte, nach Goethes Wort „kein bedeutender Name, der nicht in ihrem Kreis früher oder später gewirkt hätte". Sie starb 1807. 1875 wurde das Haus von ihrem Urenkel Carl Alexander wieder instand gesetzt und als Museum eröffnet.

▽ *Tafelrundenzimmer im Wittumspalais*

1. Hofrath H. Meyer. 2. Frau v. Fritsch geb. v. Wolffskeel. 3. J.R. v. Goethe. 4. G.R. v. Einsiedel. 5. Herzogin Anna Amalia. 6. Frl. Elise Gore. 7. Charles Gore. 8. Frl. Emilie Gore. 9. Frl. v. Goechhausen. 10. Praes. v. Herder.

△ Abendgesellschaft bei Herzogin Anna Amalia   *Wittumspalais* ▽

20 Kasseturm · Geleithaus

Neben Bibliotheksturm und wenigen Mauerresten blieb von der Stadtbefestigung des 15. Jh. nur noch der Kasseturm. Der Turm, zur Goethe-Zeit von der Landschaftskasse genutzt, beherbergt seit langem den Club der Studenten, ist ihr „dickster Freund" und weitbekannt. Unweit kündet das Geleithaus von früherer Fachwerkpracht. Der Handel mit Waid, einer in Thüringen angebauten Färberpflanze, erbrachte seinem Erbauer im 16. Jh. die erforderlichen Mittel.

Kirms-Krackow-Haus · Brunnen (Donndorf)

Im Kirms-Krackow-Haus blieb eindrucksvoll bürgerliche Wohnkultur von einst bewahrt. Stimmungsvoll sind Hof und Hausgarten, wo man sich vorstellen mag, dass Andersen hier Märchen erzählte. Nebenan weinumrankt das Wohnhaus der Christiane Vulpius; unweit auch der Lutherhof des Johannes Falk. Den Brunnen der Mutterliebe schenkte 1895 der Bildhauer Adolf Donndorf seiner Heimatstadt. Die schöne Bronzegruppe ist die Zweitfassung eines Brunnens in New York.

▽ *Kasseturm*

Kirms-Krackow-Haus ▽

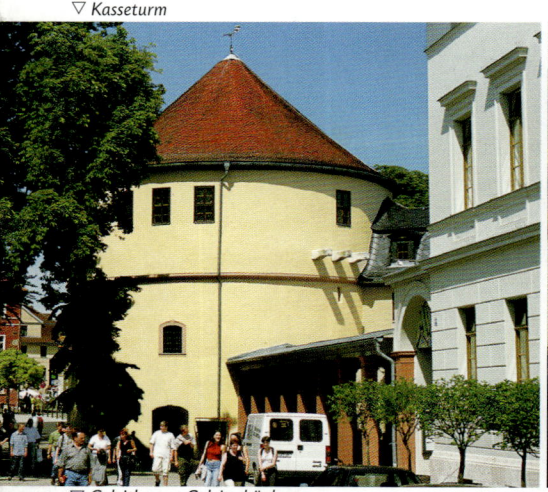

▽ *Geleithaus · Geleitschänke*

Brunnen der Mutterliebe von Adolf Donndorf ▽

Stadtmuseum im Bertuch-Haus

Der „Kaufmann der Goethe-Zeit" und „Allerweltskerl" Bertuch, literarisch und vielseitig unternehmerisch tätig, besaß 1782 „ohnstreitig in ganz Weimar das schönste Haus". Um 1800 ließ er es zu der heute noch imposanten Häusergruppe erweitern. Im klassizistischen Mittelbau beeindruckt das noble Vestibül. Sinnvoll genutzt ist das Bertuch-Haus seit 1955 als Heimstatt des Stadtmuseums. Seit der Restaurierung 1999 zeigt eine ganz neu gestaltete Ausstellung die Vergangenheit Weimars.

Bauhaus-Museum

Mit mehr als 500 Exponaten spiegelt das Museum die Kunst- und Kunstschulentwicklung Weimars in der Zeit von 1900 bis 1930 wider – Mittelpunkt jener Epoche war das Staatliche Bauhaus (1919–25). Walter Gropius gründete diese bedeutendste deutsche Reformkunstschule, die Weltbedeutung erlangte. Charakteristisch war die praxisorientierte handwerklich-künstlerische Ausbildung nach dem Werkstattprinzip sowie das Teamwork von Lehrern und Studierenden.

Bauhaus-Museum ▽

Stadtmuseum (Bertuch-Haus) ▽

Hier ist älteste Altstadt. Der Platz wurde erst mit dem Denkmal 1850 zum Herderplatz. Johann Gottfried Herder, Philosoph und Theologe, wirkte hier von 1776 bis 1803 als Generalsuperintendent. In der Kirche ist auch Herders Grab, ebenso das der Anna Amalia. Teile des Kirchturmes stammen noch aus der Zeit um 1250. Bis 1500 entstand die spätgotische dreischiffige Hallenkirche, ein barocker Umbau um 1740 veränderte das Innere. Nach schweren Kriegsschäden erstand der Raum wieder in festlicher Würde. Bedeutendstes Kunstwerk ist das von Lucas Cranach d. Ä. begonnene und vom Sohn 1555 vollendete Altarbild, auf dem Luther predigt, wie mehrfach in der Kirche. Kostbare fürstliche Grabdenkmäler künden von zwei Jahrhunderten Kunst und Geschichte. Die Kirche, in der auch Bachs Söhne getauft wurden, hat eine lange Tradition als Wirkungsstätte von Johann Sebastian Bach und dem Organisten Johann Gottfried Walther.

▽ *Stadtkirche St. Peter und Paul*   *Cranach-Altar* ▷

△ *Goethe- und Schiller-Archiv*

24 Goethe- und Schiller-Archiv

Nach dem Testament des Walter von Goethe kam 1885 Goethes gesamter handschriftlicher Nachlass an die Großherzogin Sophie. 1889 kam der Schiller-Nachlass hinzu. Für das Goethe- und Schiller-Archiv wurde 1896 das Gebäude am hohen Ilmhang in Schlossnähe errichtet. Schenkungen und Ankäufe machten das Archiv zur „Schatzkammer der Schriften unserer bedeutendsten Dichter und Denker". Das größte deutsche Literaturarchiv wird von Forschern aus aller Welt genutzt.

Congress Centrum Neue Weimarhalle

Die 1999 eröffnete Neue Weimarhalle, an einem innerstädtischen, zum Haus gehörenden Park gebaut, ist eine der schönsten und modernsten Tagungsstätten im Land. Das Haus besticht durch eine sehr naturnahe und transparente Einbindung sämtlicher Veranstaltungsmöglichkeiten. Es stehen ein bis zu 1 200 Personen fassender Saal, fünf teils kombinierbare Räume für bis zu 400 Personen, ein kleiner Saal für 240 Personen und mehrere multifunktionale Flächen zur Verfügung.

Jakobskirche ▽

△ *Congress Centrum Neue Weimarhalle*

Jakobskirche und Jakobskirchhof

Die Kirche des 12. Jh.s war Mittelpunkt eines alten Siedlungskerns, der später als Vorstadt außerhalb der Stadtmauer blieb. Die Kirche wurde 1713 in bescheidenen Barockformen neu gebaut, das Innere unter Coudray 1817 umgestaltet. Sie wurde Garnisonskirche, zur Goethe-Zeit auch Hofkirche. In der Sakristei fand am 19. Oktober 1806 in aller Stille die Trauung Goethes mit Christiane Vulpius statt. Älter und erinnerungsreicher ist der Jakobskirchhof, Weimars Begräbnisstätte von 1530 bis 1818. An die früher zahlreichen Erbbegräbnisse entlang der Mauer erinnert nur das nach Abbruch erneuerte Kassengewölbe, Schillers erste Begräbnisstätte. Cranachs Grabstätte wird besonders aufgesucht, auch das wiederhergestellte Grab der Christiane von Goethe. An weiteren Persönlichkeiten sind der Musiker Johann Gottfried Walther zu nennen, aus frühklassischer Zeit Johann J. Christoph Bode, Carl August Musäus, Künstler und Theaterleute: Kraus, Klauer, Jagemann, Mieding, Christiane Becker-Neumann ...

Albert Schweitzer, dem großen Humanisten der Tat, wurde 1968 ein Denkmal gesetzt, das den helfenden Urwalddoktor zeigt. Von Osten, aus Richtung Jena kommend, betritt man hier am Kegelplatz die Altstadt. Die Kegelbrücke ist an dieser Stelle der älteste Ilmübergang, beide Namen erinnern an das frühere Kegeltor. Zwischen Marstall und einem spätklassizistischen Gebäude blieb ein schönes barockes Bürgerhaus von 1754 erhalten, das der Schriftsteller, Pagenerzieher und Gymnasialprofessor Carl August Musäus bewohnte. Er gehörte von 1763 bis zu seinem Tode 1787 als einer der „Sterne zweiter oder dritter Größe" zum Kreis der Anna Amalia. Seine „Volksmärchen der Deutschen" brachten ihm Ruhm. Auf dieses Haus fiel die Wahl, als nach dem Ort für eine Albert-Schweitzer-Gedenkstätte gesucht wurde. Unter weitgehender Wahrung des barocken Innern wurde 1984 das kleine Museum eingerichtet. Mehr und mehr dient das Haus auch Gesprächen und Begegnungen. Hier finden wir auch Weimars kleinste Orgel.

△ *Albert-Schweitzer-Denkmal (Gerhard Geyer)*

Albert-Schweitzer-Begegnungsstätte ▽

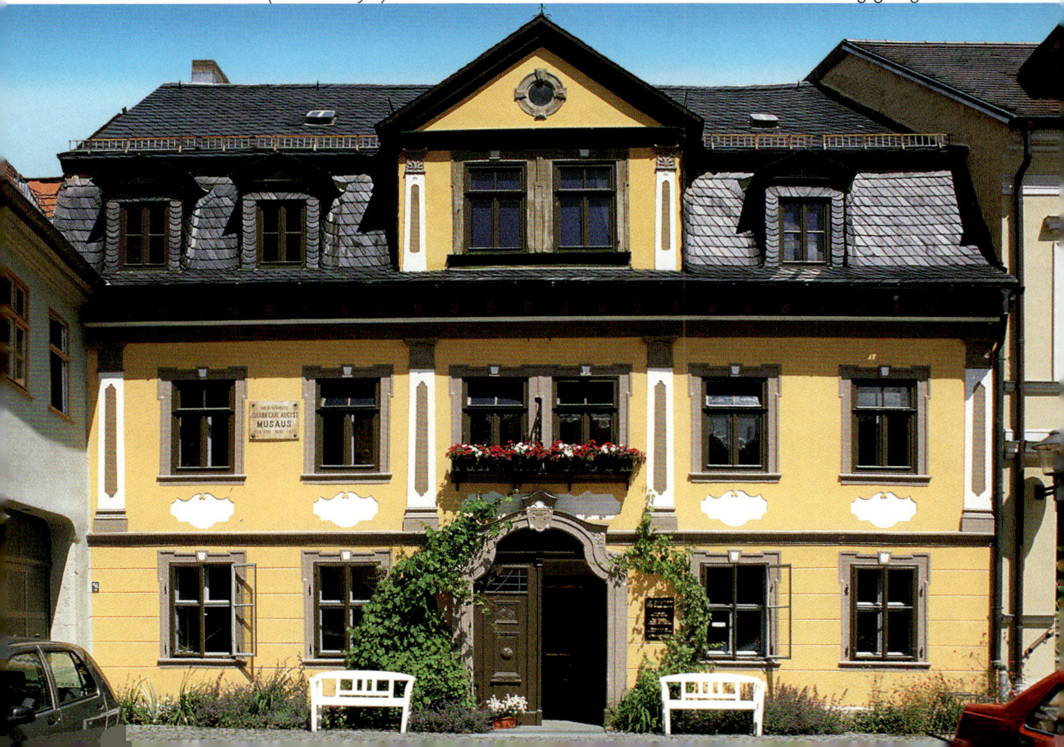

26 Liszt-Haus

Die Wahl Weimars als Wohnort 1848 war für den berühmten Musiker Franz Liszt das Ende des Reiselebens als Virtuose, für die Stadt der Anbruch einer neuen Kunstblüte. Die Altenburg, seine Wohnung bis 1861 und Treffpunkt berühmter Gäste, ist heute ein Teil der Musikhochschule. Das Hofgärtnerhaus aber, Liszts zweite regelmäßig aufgesuchte Wohnung, wurde schon ein Jahr nach seinem Tod Museum. Unweit von hier im Park steht seit 1902 das Liszt-Denkmal.

Bauhaus-Universität Weimar

1860 wurde die Großherzogliche Kunstschule gegründet, deren Landschaftsmalerei als „Weimarer Malerschule" berühmt wurde. Der Neubau 1904–11 von Henry van de Velde war wie seine Kunstgewerbeschule architektonisch wegweisend. 1919 wurden unter Walter Gropius die Schulen zum Staatlichen Bauhaus vereinigt, hier lehrten Feininger, Kandinsky, Klee, Itten, Schlemmer, Muche, Moholy-Nagy ... Die Bauhaus-Universität Weimar nutzt auch dieses Erbe.

▽ *Denkmal Franz Liszt*

Liszt-Haus ▽

▽ *Bauhaus-Universität Weimar*

Gartenfreudig waren Weimars Fürsten schon früher, barocke Anlagen des Stern- und des Welschen Gartens bestanden, als Goethe 1776 sein Gartenhaus bezog. Es war Wohnung bis 1782, danach gern genutzter Rückzugsort. Von hier gestaltete er zuerst den eigenen Garten, 1778 begann die Gestaltung der Ilmaue nach Vorbild des „sentimentalen" Landschaftsparks, als „Folge von ästhetischen Bildern", durch Wörlitz vermittelt. Der Bau des Römischen Hauses kennzeichnet eine strenger klassizistisch geprägte Phase (bis 1830). Der Hamburger Architekt Arens baute das Haus 1792–97 unter Goethes Leitung als Sommerwohnung für Herzog Carl August. Die Naturbrücke am „Nadelöhr" wurde wieder nach früherem Vorbild gestaltet. Unweit von hier steht vor der Kulisse einer künstlichen Ruine das Shakespeare-Denkmal von 1904. Ein Gang durch den Park gehört zu jeder Jahreszeit zum Schönsten, was Weimar zu bieten hat.

▽ Naturbrücke

Römisches Haus ▽

▽ Goethes Gartenhaus

Shakespeare-Denkmal ▽

28 Nietzsche-Archiv

Auch wer kein Verhältnis zur Person und Philosophie Friedrich Nietzsches hat, findet im Nietzsche-Haus in der Humboldtstraße ein besonderes Erlebnis – die geschlossen erhaltene schöne Einrichtung von Henry van de Velde, der die Gründerzeitvilla 1903 im Jugendstil umgestaltete. Seit 1897 pflegte die Schwester hier den geisteskranken Philosophen. Nach dessen Tod 1900 wurde das Haus Gedenkstätte und Archiv. Die Bestände sind seit 1945 im Goethe- und Schiller-Archiv.

▽ Nietzsche-Archiv

Historischer Friedhof

Fürstengruft und Russisch-orthodoxe Kirche als Begräbnisbauten des großherzoglichen Hauses sind Mittelpunkt des Friedhofs der klassischen Zeit. In der 1825–27 von Coudray erbauten Fürstengruft ließ Carl August die Särge seiner Vorfahren aus dem Schloss aufstellen, hier ruhen er und seine Nachkommen, hier stehen die Särge Schillers und Goethes. Die orthodoxe Kirche über dem Grab der Zarentochter Maria Pawlowna wurde 1859–62 errichtet. Seit 1818 gibt es

den Friedhof, der gewiss zu den wichtigsten und schönsten deutschen Friedhöfen gehört. Zahlreich sind die Denkmalgrabstätten, wir finden Goethes Nachkommen, den „Freund in der Not" Johannes Falk, den Baumeister Coudray, Frau von Stein, Goethes Schwager Vulpius, Goethes Mitarbeiter Meyer, Riemer, Eckermann, Kanzler Müller, bildende Künstler, Schauspieler, den Musiker Hummel, Herders Gattin, viele bekannte Namen hier und noch im „Neuen Friedhof".

Goethe- und Schiller-Gruft △

▽ *Russisch-orthodoxe Kirche*

Gedenkstätte Buchenwald

Auf dem Ettersberg, unweit von Schloss und Park Ettersburg, entstand ab 1937 das nationalsozialistische Konzentrationslager Buchenwald, Stätte unsagbarer Qualen und des Todes für mehr als 65 000 Menschen. Hier bestand nach 1945 ein sowjetisches Internierungslager. 1958 wurde das Mahnmal errichtet, mit dem Stelenweg, der Straße der Nationen und dem Glockenturm, vor dem Fritz Cremers Denkmalgruppe Leiden und Widerstand der Häftlinge symbolisiert.

Zahlreiche Orte in Weimars Umgebung lohnen einen Besuch. Dazu gehört Oßmannstedt, wo Christoph Martin Wieland 1797 ein Landgut erwarb, um nahe dem Hofe und doch für sich sein zu können. Zu den Besuchern hier gehörte Heinrich von Kleist, der bei Wieland Zuspruch fand. Nach dem Tode der Gattin 1801 gab Wieland das Gut auf. Neben seiner Frau und Sophie Brentano fand er im Park seine Ruhestätte. Zur Gedenkstätte im Gutshaus kam eine Jugendbegegnungsstätte.

◁ *Gedenkstätte Buchenwald*

Wieland-Gedenkstätte Oßmannstedt ▽

32 Schloss Belvedere

Eine drei Kilometer lange Allee führt südlich zum Schloss Belvedere, dem Zentrum einer ausgedehnten Anlage des Herzogs Ernst August. Das 1724–32 erbaute Schloss vermittelt noch etwas vom barocken Repräsentationsanspruch seines Bauherrn, es ist als Rokokomuseum zugänglich. Kavaliershäuser rahmen den Vorplatz. Eine seit der Goethe-Zeit bedeutende Orangerie wird sorgfältig betreut, wie auch der schöne Park, ein Landschaftsgarten eigener Prägung.

Schloss und Park Tiefurt

Stärker noch als in der Altstadt begegnet man Erinnerungen in Tiefurt, dem Sommersitz der Anna Amalia in den Jahren 1780–1806. Ihr zweiter Sohn Constantin hatte seit 1776 das ehemalige Gutshaus bewohnt, sein Erzieher Knebel ließ Ilmwiesen und -hänge zum anmutigen Landschaftspark formen. In den liebevoll gepflegten Räumen und im Park mit seinen Denkmälern (auch Mozart wird geehrt) empfindet man den Geist des Ortes. „Hier wohnt Stille des Herzens ..."

▽ *Schloss Belvedere*

▽ *Orangerie (Schloss Belvedere)*

Kavaliershäuser (Schloss Belvedere) ▽